LUIZ
SCHIMITD

STARTUP COMO DIFERENCIAL ESTRATÉGICO

Conheça o mundo das Startups e aprenda a usá-las como seu diferencial estratégico

DEDICATÓRIA

Dedico este livro à minha família que me apoia tanto, me dá motivos para fazer meus trabalhos e continuar meu propósito nesta terra além de me oferecer os braços nos momentos difíceis, direção quando preciso e abraços para comemorarmos cada conquista.

Aos meus filhos Pedro e Samuel, deixo um beijo especial pois vocês aquecem meu coração de forma gigantesca e por vocês eu ando desertos e desertos em busca de alcançar meus objetivos para que vocês tenham além de uma vida repleta de boas condições mas para que tenham exemplos bons e boas referências em sua vida e possam discernir o bem e o mal.

Desejo do fundo do meu coração que vocês entendam os princípios de valores desta terra e possam ser cidadãos bons e honestos.

Agradeço a Deus por iluminar minhas ideias e me dar inspirações para criação deste livro, pois, por você, senhor meu Deus eu faço o que faço e sigo meu propósito e este livro aqui é um passo que dou em prol do meu propósito.

Á você que está lendo, um abraço especial por dedicar esse tempo para ler e aprender algo comigo, espero lhe ser útil e que você tenha uma leitura gostosa e muito rica em aprendizado.

LUIZ SCHIMITD

Sumário

O QUE É UMA STARTUP?

Quando você pensa em Startup você imagina um grupo de jovens nerds trabalhando em um escritório descolado, colorido, com decoração moderna, pufes espalhados, pessoal trabalhando deitado numa rede, jogando ping-pong e andando de patinete dentro do escritório, Certo?

Isso até acontece, mas não na grande maioria das Startups, a realidade destas empresas inicialmente é muito diferente destas grandes Startups de tecnologia que estão na mídia e que possivelmente por isso você conseguiu ver uma fotografia da rotina delas.

O começo de uma Startup é bem sofrido para a maioria delas, assim

como qualquer outro projeto ou empresa em fase inicial, muito trabalho, muitos nãos recebidos, poucas pessoas acreditando no seu projeto, trabalhando embaixo de escadas, dividindo escritórios com outras empresas (e não em formato de coworking, no formato emprestado mesmo), trabalhando insanamente

muitas horas para conseguir fechar todas as pontas do seu projeto ainda em construção.

Como para os seres humanos crescer rapidamente dói, exige muita energia e cuidado, para as Startups crescer rapidamente é necessário por diversos motivos, seja para que ela consiga equilibrar suas contas, seja para que o seu pioneirismo tecnológico seja massificado no mercado antes da concorrência (sim, existe concorrência em Startups também, tá? Talvez você imaginasse que toda Startup teve uma ideia

genial e única.) essa busca pelo crescimento rápido exige uma rotina muito diferenciada, uma coordenação do caos que gere equilíbrio na equipe, nas contas e na estratégia e exige muita energia, foco, determinação e

muita, mas muita esperança.

Claro que a "liberdade" que estas empresas de base tecnológica oferecem em seus escritórios chama a atenção e causa curiosidade não é mesmo? Como assim, eles ficam na rede mas produzem? Eles jogam videogame durante o trabalho? Eles bebem cerveja no escritório?(Sim, alguns tem cerveja também!), Como eles fazem gestão desse pessoal? Como eles conseguem produzir?

Logo vem a primeira cresça errada na sua mente: Ah, isso é porque eles são de tecnologia, podem trabalhar de qualquer lugar que dá certo!

Essa crença caiu por terra principalmente agora na pandemia onde muitas empresas que não faziam home-office foram obrigadas a aderir e experimentaram o que é gerir uma equipe remotamente.

Mesmo empresas de tecnologia tiverem dificuldades em gerir suas equipes remotamente, claro que o contexto da pandemia muda muito o cenário de gestão, mas olhando apenas a questão do trabalhar na sua mesa ou na sua casa, num pufe, numa rede tanto faz, ainda sim a gestão das pessoas continua desafiadora, afinal o resultado é o que conta e para empresas Startup que precisam provar seu valor ao mercado, provar que seu produto/solução realmente funciona e ainda crescer exponencialmente de forma assustadoramente rápida, os resultados são obrigatórios para a sua própria sobrevivência. Portanto, a dificuldade é a mesma por serem de tecnologia ou não!

Então você cai no segundo pensamento errado: Mas é porque Startup é coisa pra jovem, por isso esses escritórios todos "moderninhos" e "descolados", se o CEO fosse uma pessoa mais madura isso seria muito diferente.

Engano! A idade média dos CEO´s é 42 anos (Vou falar mais sobre isso logo à frente), mas não é o fato de serem jovens que faz com que eles trabalhem de forma mais "livres" mas sim as suas métricas de gestão que são muito diferentes das que você tem aplicado na sua empresa e também a visão sobre crescimento que faz com que eles tenham prioridades diferentes das suas nesse primeiro momento, outro ponto é, você também deve ter ou já teve jovens trabalhando contigo, já viu que gerir um jovem é diferente de gerir uma pessoa mais madura, a rapidez no pensamento do jovem, a energia

acumulada e os questionamentos, são diferentes. Isso quando o jovem tem força de vontade, desejo de crescer, e disposição claro, porque assim tomo qualquer pessoa existem jovens com vontade de crescer e jovens que apenas querem ganhar seu salário e curtir a vida. A sua experiência em gerir esse jovem foi simples? Imagine agora um escritório repleto de jovens, você acha mesmo que a gestão deles é mais simples do que a sua só porque a operação é jovem? Um engano total não é mesmo?

Portanto não se engane, por trás dessa liberdade existe muito trabalho e muitas métricas de gestão, aliás, algo que vale a pena refletir é "Você tem métricas de gestão de desempenho de pessoas na sua empresa hoje"?

Vejo isso diariamente, muitas empresas que são relativamente grandes, construíram suas histórias em anos de mercado, mas o foco sempre foi vender e crescer, concordo isso é fundamental, mas quantas empresas que você conhece que tem pessoas trabalhando sem desempenho algum, pessoas que não conseguem trabalhar sendo medidas por resultados, empresas que contratam simplesmente porque alguns colaboras estão reclamando que não estão dando conta do trabalho e por isso precisam de mais uma pessoa no setor? Quantos gerentes gerenciam suas equipes sem números, sem conhecer o desempenho do seu pessoal e faz a gestão apenas dos problemas, (se o cliente não reclama, não há problema!). Pode falar a verdade, você já viu isso não já? Pois é, as Startups são diferentes também nisso, seu modelo de gestão é bem diferente na maioria delas, sua visão de desempenho também mas principalmente seu pensamento no crescimento exponencial é fora da sua realidade, até agora claro!

Mas afinal, qual a definição de Startup?

Segundo Steve Blank autor do livro "STARTUP: Manual do Empreendedor disse que Startup é uma organização temporária em busca de um modelo de negócio escalável, recorrente e lucrativo.

Já segundo Eric Ries autor dos livros A Startup Enxuta e O Estilo Startup define Startup como uma instituição humana projetada para criar novos produtos e serviços sob condições de extrema incerteza".

STARTUP é termo da língua inglesa sem tradução oficial para o português que significa uma empresa que tem como objetivo principal desenvolver ou aprimorar um modelo de negócio, preferencialmente escalável, disruptivo e repetível, algumas literaturas caracterizam startup como uma empresa recém-criada ainda em fase de desenvolvimento normalmente de base tecnológica, mas pode aparecer em vários setores.

O termo tornou-se popular internacionalmente durante a bolha da internet entre 1996 e 2001 quando um grande número de "empresas.com" foram fundadas. Por isso, comumente se relaciona o termo 'startup' com tecnologia, mas qualquer empresa que nasce seguindo esse modelo de negócio dito acima, resolvendo um problema real em qualquer segmento, seja tradicional ou inovador é uma startup (uma potencial "empresa" que nasce).

Steve Blank ainda diz uma coisa que faz muito sentido:

"Startup não é uma empresa em miniatura"

Se você quiser saber mais sobre esse tema, existe um livro chamado A Startup enxuta do Eric Ries você pode ouvir o resumo deste livro acessando o

QR Code ao lado.

E você também pode resumo do livro Startu do Empreendedor n Code ao lado.

Caso esteja lendo a versão online basta clicar no código.

Eu complemento essa definição dizendo que startup é um grupo de pessoas que trabalham para resolver problemas reais tornando essa solução em negócios escaláveis.

STARTUP É UMA MODINHA?

As startups já estão no mercado provando seu valor na sociedade há algum tempo e com bastante sucesso mas mesmo assim muitos empresários pensam que Startup é uma "modinha", ou mesmo "brincadeira de criança".

Já ouvi muitas pessoas dizendo sofreram muito com declarações como essas:

"Enquanto você está brincando de Startup nós estamos aqui resolvendo problemas".

"Esse negócio de Startup não é para o meu mercado"

"Não funciona aqui na minha empresa"

"Não dá pra arriscar com um negócio que nem funcionou de verdade".

"Vai continuar brincando desse negócio de Startup"

"Isso é moda, logo logo vem uma lei aí e acaba com essa brincadeira".

Ou seja, muita gente tem preconceito com startup, muitos empreendedores que construíram seus negócios na era industrial quando veem seus filhos ou colaboradores chave envolvidos com Startups acham que eles estão desfocados ou iludidos com um negócio que não existe, confundem até com pirâmide ou enganação barata.

Por isso que um livro como este pode ajudar, primeiro quebrando esta barreira e mostrando que novas demandas exigem novas soluções e a situação atual prova todos os dias que os mercados estão cada vez mais voláteis e incertos, mudando à todo momento e que o modelo de negócios lineares como eram na revolução industrial não funcionam mais.

Quando estava cursando administração em meados de 2006 nós estudávamos plano de negócios com 5,10 e 20 anos, e para que um plano fosse realmente bom você tinha que validar a pesquisa em todos os pontos de vista das empresas e se alguma hipótese não fosse validade o projeto não avançaria.

Se o Facebook fosse esperar a validação do seu plano de negócios completos jamais teria a base de usuários que tem.

O Youtube se tivesse montado seu plano de negócios completo da maneira tradicional, jamais teria existido e o Google jamais teria comprado.

O próprio Google se fosse validar a sua ideia com o mercado não teria sido criado afinal o seu propósito é "organizar a informação do mundo e torna-las acessíveis e úteis", isso seria coisa de louco, jamais as pessoas acreditariam se eles não tivessem tentado, testado, validado suas hipóteses por mais loucas que poderiam parecer e por fim, conseguirem provar seus resultados.

Uma grande diferença entre empresas tradicionais e startups é a forma de validação de negócios e a utilização de metodologia ágil de criação de negócios, falarei mais sobre isso mais à frente.

Outra coisa que chama à atenção no mundo das Startups são as palavras ou dialeto só deles, o que faz parecer que as Startups vivem em um mundo paralelo:

Pivotar, Demoday, Pitch, Disrupção, MVP, entre outros e aqui neste livro vamos lhe ajudar à traduzir algumas palavras este vocabulário novo.

Começando por **COWORKING**?

Essa é fácil vai, ficou mais fácil agora na pandemia afinal, trabalhar num escritório junto com outras empresas ainda era meio estranho, as pessoas ficaram com medo do barulho, da organização, do vazamento de informações, etc. Mas agora com a Pandemia os coworkings que estão aos poucos voltando às suas atividades já tiveram suas vidas ressignificadas, muitos usaram coworking mais próximo de suas casas pois seu escritório estava fechado e ele não conseguia trabalhar em casa e precisava de um espaço pronto para o

trabalho, para a reunião e para se concentrar mais e isso fez com que algumas empresas optassem por deixar suas equipes em home office, trabalhando alguns dias da semana no coworking mais próximo de suas casas e indo para o escritório central apenas alguns dias para entrega de documentos, validação de informações etc. Então, ficou mais fácil de ouvirmos esse termo que antes era uma palavra estranha.

E **DISRUPÇÃO** você já ouviu falar?

De acordo com o dicionário disrupção é a interrupção do curso normal de um processo.

É um termo muito usado no mundo das startups não faz parte do vocabulário de muita gente, ele significa quebra de uma cadeira produtiva com base em uma solução nova, ou seja, o UBER é um bom exemplo disso, ele quebrou a cadeia produtiva dos Taxis, a forma como as cooperativas monetizavam seus serviços, a forma como o consumidor acessava o serviço e ela fez isso com base em uma plataforma que unifica o consumidor diretamente ao motorista, fica mais claro quando exemplificamos desta forma.

Nem toda Startup precisa ser disruptiva e nem toda disrupção precisa ser uma Startup.

DEMODAY

Demoday é um evento ou momento em um processo de criação de startups no qual os empreendedores apresentam a sua ideia para uma banca qualificada que pode ser de investidores ou não, dependendo do evento, na maioria das vezes o Demoday é para apresentação dos Pitchs para investidores.

PITCH

É o discurso de vendas em que a Startup apresenta a sua ideia, seu modelo de negócios, seu mercado, seu objetivo e faz o seu pedido para quem está apresentando tudo isso de forma super resumida e rápida.

Esse termo nasceu de uma composição de palavras chamada "Elevator Pitch" (Discurso de elevador), conta a história que esse termo nasceu em Holliwood em que os investidores tinham pouco tempo para ler os roteiros dos filmes e os produtores precisavam resumir a história ao ponto que conseguissem contá-la durante o trajeto do elevador, algo em torno de um minuto.

O objetivo aqui não é ensiná-lo à construir um pitch, as vale você saber que existe uma estrutura que ajuda na explicação da ideia de forma clara e essa técnica de pitch funciona muito também também como um discurso de vendas objetivo, então, além de servir para as Startups serve também para qualquer negócio.

MVP

Produto Mínimo Viável ou Minimum Viable Product (MVP), é um protótipo, versão simplificada de um produto ou produto ainda não finalizado, mas que possui condições básicas de uso possibilitando que o usuário ou cliente valide se é uma solução viável, aplicável, utilizável ou não.

Essa palavra está muito presente na vida da Startup e é um ponto importante para ela pois ter um MVP finalizado e testado já da para Startup um status melhor afinal ela já venceu algumas etapas e isso faz com que ela esteja à frente de muitas outras e até tenha acesso à investimentos diferentes pois muitos programas de investimentos preferem Startup que já tiraram suas ideias do papel com seus MVP´s e se já tiverem sido testados e validados melhor ainda.

PMF (Product Market Fit)

Product Market Fit é um conceito criado por Marc Andreessen que atua com fundos de venture capital nos Estados Unidos, traduzindo o termo de uma forma simplificada seria um produto adequado ao mercado ou seja é o produto testado e ajustado à um mercado, o próprio autor diz que PMF é estar inserido em um mercado e conseguir atender as necessidades deste nicho resolvendo os problemas reais deles.

As Startups nascem buscando encontrar seu PMF pois assim irá ter um produto totalmente adequado e já validado num mercado projetado e ainda não totalmente atingido.

PIVOTAR

Esse termo vem do verbo *to pivot* em inglês que significa girar no mesmo eixo, no mundo das Startups pivotar significa mudar de rota do projeto, do negócio, da abordagem, do produto, enfim, mudar tudo o que foi verificado na validação como obstáculo para que ela atinja o PMF.

Muitas Startups nascem com um propósito mas durante a sua validação percebem que seu mercado é pequeno, que seu cliente não pode pagar, que a sua solução é difícil demais para o mercado entender daquela forma, que o mercado ela imaginou possui uma característica que ainda não foi explorada e isso possibilitará acessar mercados ainda maiores, ou seja, pivotar é preciso, mudar de rota faz parte da vida da Startup.

Veja que, pivotar não é jogar a toalha e deixar o projeto de lado por falta de foco, desânimo ou mudança de sócios, pivotar é analisar o caminho e ver que precisa mudar a rota.

VALIDAÇÃO

Validação é o processo de verificar se a solução ou seu MVP é uma solução válida ou não, basicamente é uma pesquisa com seus potenciais clientes ou usuários coletando informações relevantes que levem à uma conclusão sobre o produto bem como adequações necessárias.

Uma das coisas que vale dizer é que Validação é VENDA, nada melhor do que vender a sua solução e voltar para casa com faturamento. Tenho um vídeo que comento um pouco mais sobre esse tema, você pode acessar o vídeo clicando no QRCode ou apontando seu celular.

ACESSE O QRCODE
OU CLIQUE

O QUE UMA STARTUP TEM DE DIFERENTE DE UMA EMPRESA NORMAL?

As empresas tradicionais possuem um modelo de negócios tradicional que tem como objetivo principal cumprir com um plano de negócios na íntegra, validando todos os seus pontos antes de lançar seu produto ou serviço no mercado.

Claro que na maioria das empresas no cenário brasileiro a realidade começa muito diferente, quase como Startups, primeiro tem uma ideia, valida essa ideia com amigos e família e começa fazendo e depois valida se dá certo ou não, o que acontece? Na maioria das vezes dá errado e por isso temos uma taxa de mortalidade de empresas tão alta no Brasil.

E as empresas tradicionais que já existem no mercado, possuem clientes e faturamento, elas também erram assim em seus planejamentos? Claro que sim, quantas empresas você já viu que lançam produtos no mercado depois de terem produzido uma quantidade gigante em estoque, comprado matéria prima para alguns meses, máquinas, contratado pessoas e depois de lançar o produto percebem que precisavam fazer um ajuste ou mesmo o cliente não queria aquele produto? Acontece e muito mais do que imaginamos.

E ainda existe uma parcela de empresas, independente do segmento em que ela atua, que tem um objetivo de cumprir com um modelo de negócios tradicional, validando todos os pontos antes de lançar qualquer coisa e quando lançam o que acontece? O Produto nasce velho porque demorou demais o planejamento dele.

O que há de errado nisso?

Nada, é perfeitamente normal e aceitável em empresas nasçam visando reduzir ao máximo seus riscos para que tenham longevidade e lucratividade, afinal de contas, muitos negócios nasceram e cresceram neste cenário.

O que as Startups têm de diferente neste quesito é o "timming", ou seja, a velocidade que elas buscam o crescimento e a penetração de mercado, elas precisam validar suas hipóteses para alcançarem seu PMF o quanto antes, precisam captar investimentos (a maioria delas, algumas não precisam claro) e para isso precisam explicar seus modelos de negócios de forma simples e rápida para o máximo de investidores possíveis e demonstrar resultados se já os tiver, isso faz com que ela tenha que pensa num modelo de seja simples e explicar e

de ser entendido de forma clara e que gere confiança no investidor e no cliente de forma que ela consiga captar seus investimentos necessários para o crescimento e claro, vender a sua solução ou produto para seus clientes o quanto antes e atingir seu potencial de mercado.

O modelo de criação de negócios que a maioria das startups nascem é um modelo de negócios ágil, por exemplo um Canvas Business Model em que em uma folha de papel demonstra os principais dados do negócio, bem como seu principal objetivo, seu mercado, seus parceiros chave, suas fontes de recursos, entre outras variáveis que vale a pena buscar mais informações sobre esse modelo de negócios, o Sebrae tem ferramentas gratuitas que permite você fazer um Canvas online, dá um Google "Sebrae Canvas" que você vai achar e vai te ajudar muito!

Agora uma palavra presente na vida da Startup é INCERTEZA.

Ela nasce com a incerteza das suas hipóteses e essa palavra caminha com ela em vários quesitos até que ela consiga atingir um patamar financeiro, de mercado, legal, regional etc. que possibilite que ela possa mudar a incerteza para outro foco, não que ela acabe afinal não há negócio ou empreendimento totalmente certo, o risco é inerente ao funcionamento de qualquer empresa, mas as incertezas da Startup vão diminuindo ao longo de sua jornada mas no começo muitas coisas podem acontecer. Quantas brigas legais o Uber teve que enfrentar para que seu negocio pudesse se manter aberto? O próprio whatsapp teve suas atividades paralisadas não faz muito tempo por decisões judiciais, falando em mercado brasileiro, claro. Então mesmos as grandes enfrentam isso, imagine as pequenas, ainda mais quando se fala de uma solução que quebra algum mercado existente, ou seja, uma solução disruptiva, ela enfrentará o mercado atual que já possui players ao mesmo tempo que precisará convencer seus clientes que a sua solução é válida e funciona.

Outro ponto muito diferente é a gestão de pessoas e equipes como falei anteriormente que visa o desempenho de cada colaborador, muitas delas insere gamificação em sua gestão para tornar a gestão competitiva de forma saudável e sustentável, mas além disso, as Startups quebram algumas barreiras do Staus Quo como por exemplo o vestuário mais relaxado, muitas delas aboliram a gravata não só

porque são de tecnologia mas porque viram que poderiam flexibilizar o vestuário do pessoal de acordo com um código de conduta ou dresscode e focar a equipe no crescimento da empresa, da mesma forma que pode trabalhar do pufe, jogando ping-pong desde que a tarefa esteja em dia, seus projetos estejam fluindo e esse tempo de "recreação" acaba sendo muito produtivo principalmente para as atividades intelectuais que exigem criatividade para resolver problemas.

A proximidade com o cliente na fase inicial também é um grande diferencial das Startups, ou deveria ser para algumas pois é fator fundamental para o sucesso. Como assim? O cliente no começo da Startup é a pessoa que valida a sua hipótese como já conversamos acima e por isso entrevistar esse cliente, coletar feedback é fundamental, até mesmo empresas que nasceram como Startups mas hoje já são gigantes como a Netflix, ela pede um feedback seu sem mesmo você perceber, ela te pergunta se você está assentindo ainda ou não quando passa muito tempo de tela funcionando e porque ela faz isso? Para ver se ela não pode deslocar a banda e a tecnologia que está contigo para outros usuários, ou seja, ela te pergunta e conversa contigo para adequar a sua operação. Mas você deve estar se perguntando agora, puxa, você está dizendo que eu não fiz isso quando abri minha empresa? Não falo com meus clientes e nem pego feedback? Não, não estou dizendo isso, mas muitas empresas nascem planejando seus produtos, produzindo no modelo antigo e usando um modelo de vendas que está mais ligado aos modelos de escoamento de mercadoria do que de vendas personalizadas, estão preocupadas em vender seus produtos e validar a sua estratégia do que verificar se o seu cliente está realmente satisfeito com o produto, muitas entendem que se vendeu é porque o cliente gostou, mas será mesmo?

Claro que existem outras tantas diferenças entre empresas comuns e Startups mas temos vários outros assuntos para abordar aqui ainda então vamos em frente, caso você queira aprofundar mais essa conversa podemos bater um papo, você apontando seu celular para o QRCode no rodapé da página vai direto para o meu whatsapp e ficarei grato em receber uma mensagem sua e batermos um papo sobre esse tema.

Afinal QUEM SÃO ELAS?

Afinal, que são? O que comem? Como vivem? Quando nos deparmos com civilizações muito diferentes estas perguntas são frequentes não é mesmo? Pode ser que você conheça apenas o Google e o Facebook, mas existem milhares e milhares de Startups e cada dia nascem outras tantas. Para você se familiarizar e até perceber que estão presentes no seu dia-a-dia mais do que você imagina fiz essa tabela com algumas startups grandes e outras até não tão conhecidas mas que em faturamento são bem grandes, acredito que alguns destes nomes você conhece.

airbnb	.StartSe
Uber	cargo
creditas	sky.one
SNAPCHAT	desinchá
nubank	stone
C6 BANK	Contabilizei
Rappi	MaxMilhas

Quer saber mais?

Existe um site que mostra um mapa com as principais Startups e Comunidades no Brasil.

MAS ELES ANDAM EM BANDO?

Você conhece comunidades e Startup? Sabia que elas andam em bandos pelo mundo todo? Mais a frente vou falar especificamente sobre comunidades, mas vale dizer que, as comunidades são muito importantes na vida de uma Startup, primeiro para dar sendo de pertencimento, depois para oferecer suporte, apoio, divulgação e principalmente para trocar experiências, existem várias comunidades espalhadas pelo mundo e tenho orgulho em dizer que contribui para o nascimento de uma comunidade no abc paulista chamada ABC Valley, e você não precisa ser criador de uma Startup para contribuir, você pode ser um entusiasta e ajudar como pode, o intuito é fazer com que as startups da sua região cresçam.

Veja esse vídeo e conheça um pouco do movimento de Startups provocam no mundo, existe um evento chamado Websummit que acontece de forma itinerante e nos últimos anos tem sido em Lisboa, eu estive lá em 2018 e gravei alguns vídeos mostrando como foi a experiência de estar lá.

Clique n QRCode ou aponte seu celular e confira o vídeo.

Neste momento você deve estar se perguntando:

Puxa mas isso não é para mim, esse negócio de andar em bando, se conectar com jovens, ambiente com muita tecnologia é muito nerd para mim, me parece uma coisa para pessoas mais jovens conectadas com tecnologia, melhor deixar isso com quem é mais novo, se eu me conectar com essa "meninada aí" vou parecer um dinossauro, já não sou o expert em tecnologia agora esse pessoal ai vai me achar um bobo, prefiro ficar aqui mesmo, já estou com meu negócio aqui, rodando, pra que? Pra que vou entrar nessa?

PARE UM POUCO, RESPIRE!

Será que é isso mesmo? Te faço um convite para experimentar e se conectar com esse mundo, eles precisam muito de pessoas experientes como você, que possam lhes dar mentoria, que possa trocar experiências, sabedoria, que diga os caminhos que você passou para que eles possam ir pelos atalhos mais seguros e sabe um dado que talvez você não conheça, a idade média dos CEO´s das Startups de maior sucesso é de 42 anos, ou seja, o sucesso é algo que exige maturidade e experiência, não é só coisa de adolescente que gosta de programar, na maioria das grandes existem pessoas experientes trocando conselhos com eles periodicamente e isso faz com que a vontade e energia da juventude possa se conectar com a experiência e segurança de alguém mais maduro e esse equilíbrio é o item fundamental para o sucesso das Startups.

UM PONTO IMPORTANTE É O MENTOR

Vamos falar sobre esse ponto importante que é o Mentor de Startups, mas você pode conferir um vídeo que gravei falando sobre a importância do mentor, basta clicar no QRCode ou apontar seu celular para ele e vai direto ao vídeo.

Claro que se você chegou até aqui no livro é sinal que você está querendo entender mais esse mundo e se conectar com ele de forma segura para você sem perder tempo com festinhas, brincadeiras de jovens afinal seu foco não é esse, eu sei disso e por isso escrevi esse livro, você pode pesquisar primeiro, na segurança do seu universo e entender o que de melhor pode extrair desse mundo e com isso ir direto ao ponto!

Mas faço o convite, entre nesse mundo e sinta a energia das Startups mesmo que por algumas horas apenas, depois disso me dá um feedback como foi, se você gostou ou não e se a energia desse ambiente não te motivou, combinado?

PORQUE SE CONECTAR COM UMA STARTUP?

Agora, você até já sabe um pouco desse mundo mas talvez ainda não esteja fazendo sentido para você, como ligar as pontas e principalmente o que você ganha com isso, então vamos lá!

Uma Startup pode ser uma fonte rica de conhecimento, de experiências e pode ser uma forma de acessar novos mercados e criar novos produtos.

Normalmente quem busca uma startup faz isso para sair do status quo e para buscar novas tecnologias, não faz isso porque a equipe interna é incompetente ou desinteressada, na grande maioria das vezes não, mas faz para trazer "novos ares" para a empresa uma vez que a Startup está conectada com outros ecossistemas, mercados, tecnologias e não faz muito parte do seu ambiente, ela foi submetida à outras pressões e consequentemente possui experiências novas que quando conectadas à empresa pode gerar uma troca rica de informações.

Claro que exige uma certa dose de resiliência da empresa uma vez que para se conectar e trocar experiências a empresa precisa abrir informações e precisa abrir a mente para ensinar e principalmente para aprender também com estas pessoas pois uma coisa que funciona muito bem com as Startups é a colaboração, ou troca de informações, elas sabem que precisam aprender muito para crescer mas sabem também que possuem soluções que podem facilitar a vida de uma empresa tradicional, por isso, estar aberto à ouvir as ideias da startup é fundamental nesse processo, para evitar conflitos e para que a experiência seja rica para ambos os lados.

Só esse processo já muda muito principalmente o ambiente industrial pois a Startup valida seus produtos, projetos, protótipos diretamente com seus clientes antes mesmo que eles tenham sido finalizados pois elas entendem que o erro é parte do aprendizado, sem o temor de ter sua marca ou reputação arriscada por conta deste erro, o que muitas vezes para as empresas tradicionais um erro pode custar muito caro para a Startup um erro é insumo.

COMO SE CONECTAR ÀS STARTUPS?

Nesse momento você já deve estar convencido que pode ser uma boa ideia essa conexão e estar até aberto para se conectar de alguma forma, mas e ai como fazer?

COMECE COMPRANDO DE UMA

A melhor maneira de você se conectar com uma Startup é comprando de uma, principalmente se for uma da sua região, que esteja começando e validando a sua solução. A gente costuma dizer que dinheiro do cliente é o melhor investimento que se tem!

No início as Startups têm grandes dificuldades de todo tipo e uma delas é a aceitação do mercado, afinal de contas, não existem há muito tempo e não tem experiência no mercado, mas precisam muito vender seus produtos e serviços para conseguir avançar nas validações e estruturar a empresa, neste momento procuram diversos programas de aceleração, grupos de investimento afim de conseguir recursos de investirem principalmente em marketing e vendas para vencerem a barreira da aceitação inicial.

Então uma forma muito bacana de você se conectar é comprando de uma, usando a sua solução, divulgando para sua rede de contatos assim   eles conseguem crescer organicamente e seu dinheiro será reinvestido em pesquisa, pessoal e vendas, mais vendas, afinal é uma montanha à se vencer no início.

Além disso, existem alguns eventos que conectam esse pessoal e você pode participar de algum e rapidamente conectar com várias Startups, visualizar soluções que podem lhe ajudar e já conversar com a Startup sobre a aplicação em testes.

Veja alguns destes eventos.

STARTUP WEEKEND

Startup Weekend é um evento de empreendedorismo bastante prático onde são fomentadas ideias de inovação que nascem do zero ali mesmo no evento e passam por um processo de criação, validação, apresentação durante 54 horas. É uma forma ótima de conhecer um

processo de criação de Startups, de se conectar com pessoas com o mesmo interesse e aprender muito sobre esse mundo.

Nesse link você consegue achar algum que esteja acontecendo pelo mundo.

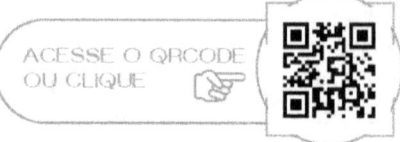

Basta clicar no QRCode ou apontar seu celular para ele.

HACKATHON

O que é um Hackathon?

Esse nome vem da junção de dois termos em inglês Hacker (não com a conotação daquele que entra no computador para implantar um vírus, mas no sentido daquele que procura caminhos novos, novas soluções, essa é a denominação correta do Hacker) e Marathon (Maratona em inglês), afinal um Hackathon é uma maratona de desenvolvimento de ideias, normalmente reúnem-se programadores, designers e entusiastas para desenvolverem uma ideia com base em um ou mais desafios que são o tema principal do Hackathon, esses desafios são muito importantes pois dão as temáticas e o foco, o Hackathon pode ser uma ferramenta muito útil mesmo que você não tenha se conectado com Startups, veja.

COMO UM HACKATHON PODE AJUDAR MINHA EMPRESA?

O Hackathon é uma forma de você tirar ideias complexas do papel conectando grupo heterogêneo de pessoas, pode parecer estranho falar isso dentro da empresa mas muitas vezes o pessoal do RH não conhece o que passa na linha de produção, da mesma forma que marketing não conhece o almoxarifado e suas dores etc.

Então um evento como esses pode ajudar à conectar pessoas e ideias dentro da sua empresa, ajuda a despertar lideranças que as vezes estavam escondidas, ou seja, o Hackathon pode ser uma dinâmica para descobrir talentos internos também, irá tirar ideias do papel e

encontrar dores escondidas nos departamentos que sem essa dinâmica talvez demorasse muito para ser descoberta e que podem virar grandes projetos ou novos produtos, além claro que provocar seus colaboradores à pensar em soluções de forma mais dinâmica através das metodologias ágeis que são usadas nos hackathons.

Eu realizei diversos Hackathons e nesse vídeo eu mostro um trailer de uma série de hackathons que fiz com professores e gestores de cursos universitários afim de promover e provocar o empreendedorismo e ainda promover o conhecimento e a criação de Startups dentro da organização ou seja, essa metodologia serve para qualquer segmento, indústria, comércio, serviços, educação e de qualquer tamanho.

Basta clicar no QRCode ou apontar seu celular.

DEMODAY

É um evento de apresentação dos projetos, ele acontece fora ou dentro de outros eventos ou programas de aceleração e serve para que as Startups apresentem seus trabalhos para investidores e mentores e assim possam receber feedback e até investimentos dependendo do objetivo do Demoday.

É uma ótima forma de conhecer Startups e a dinâmica de apresentação de negócios (PITCHs), para achar algum basta dar um "Google" e deve aparecer algum perto de você ou mesmo se você se conectar à alguma comunidade próxima você ficará ciente dos eventos que estão acontecendo e pode escolher algum para se conectar.

LIKE A BOSS

O Sebrae possui uma atividade muito interessante chamada Like a Boss, é um programa de melhoria na maturidade das Startups em que as Startups são selecionadas e avaliadas durante um período através de batalhas de pitchs ou Demodays e assim vão avançando no processo, este também é um ótimo momento para se conectar com as Startups, conhecer projetos novos, ideias novas.

Acesse o link e você poderá ter mais informações, basta clicar no QRCode ou apontar a câmera do seu celular.

ABSTARTUPS

Associação Brasileira de Startups é a plataforma mais completa com informações sobre Startups atualmente no Brasil você encontra pesquisas, conteúdos, conexões, comunidades, eventos e muito mais, vale a pena se conectar para conhecer ainda mais o universo das Startups.

MENTORIAS

Participar de programas de mentorias são ótimos também para conhecer as Startups, se relacionar com elas, conhecer as soluções, comprar soluções e conectar agentes de mercado para contribuir com o crescimento do ecossistema. Mas você deve estar se perguntando agora, como faço isso? Como viro mentor? Mas eu posso ser mentor?

Vamos lá, uma coisa de cada vez.

O que é mentoria?

Mentoria não é necessariamente ficar dando palpite no negócio, dizendo o que eles devem ou não devem fazer, ficar criticando a Startup, dizendo que eles erraram nisso ou naquilo. O papel do mentor é avaliar a rota e dizer o que pode ser feito para que eles não colidam em alguma coisa ou mesmo se precisam mudar de rota para chegar aonde imaginam. Como assim?

Tipo o mestre dos magos, lembra? Ele não dava a resposta mas fazia perguntas para que os jovens pensassem a respeito do caminho, é algo assim.

Você não deve dar respostas mas sim questioná-los sobre o que eles realmente querem com o negócio e claro, contar histórias sobre sua trajetória que faça sentido com o negócio que estão lhe apresentando.

Desta forma a sua opinião será muito mais útil do que simplesmente criticar e não dar caminhos e caminhos certos e mais curtos é o que eles mais precisam neste momento.

Tá bom, mas como faço para ser mentor?

Você pode se cadastrar no programa de mentoria do Inovativa, eles são um movimento que agrega e conecta as Startups no Brasil, superinteressante pois você contribui com mentorias online para Startups e ajuda vários ecossistemas. Clique no QRCode ou aponte a câmera do seu celular para acessar o site do Inovativa.

Você pode se conectar com o Instituto de Tecnologia de São Caetano do Sul e participar dos programas de mentorias deles também, eles possuem programas de mentoria mensal que você pode se conectar para fazer parte. Clique no QRCode ou aponte a câmera do seu celular para acessar o site do ITESCS

Buscar eventos na sua comunidade mais próxima e pedir para participar como mentor.

Ou seja, é se conectar com o ecossistema da sua região.

Mas eu posso ser mentor?

Claro que pode, você possui experiência que pode ajudar outros projetos, você passou e resolveu problemas que eles nem imaginam que vão existir no seu caminho e todo seu expertise, sua carreira, seus atalhos serão úteis para eles.

Todas as startups precisam de muita mentoria, muito feedback dos mais diversos setores e segmentos para validar se a sua hipótese faz sentido e por isso elas se colocam em tantos programas de aceleração, mentoria, avaliação de pitch etc. então seus comentários serão importantes, não perca tempo e contribua já.

COMUNIDADES

E por fim você pode fazer parte de uma comunidade.

Como assim?

Uma forma muito interessante é você encontrar uma comunidade local de Startups, se conectar e contribuir, participar dos eventos, conhecer as pessoas envolvidas e assim ajudar localmente na resolução de problemas as vezes globais.

Como faço para encontrar uma comunidade?

Você pode procurar no site da ABStartups o StartupBase (https://startupbase.com.br/home) nele você encontra um mapa com boa parte das comunidades do brasil nelas

E se você quiser buscar ecossistemas em outros países existe o Startup Genome (https://startupgenome.com/) que pode lhe ajudar a encontrar comunidades no mundo inteiro.

Como disse anteriormente eu contribui na criação de um ecossistema de Startups no ABC Paulista chamado ABC Valley e hoje ele está mapeado no Startup Base, é muito gratificante ver que você ajudou em uma iniciativa que hoje tem vida própria e está tomando corpo, além de ser um trabalho social muito bom você também impacta diretamente o desenvolvimento econômico da sua região, desenvolvimento de qualidade de vida, empregabilidade, entre outros tantos fatores que se conectam com as comunidades, por isso o se conectar à uma comunidade é muito importante. Não esqueça de procurar uma na sua região e se conectar, se não existir nenhuma, construa a primeira!

MAS STARTUP SÓ FAZ APLICATIVOS!

Você pensa assim ou já ouviu algo parecido?

Fique tranquilo, esse é o pensamento de muitos empresários que acreditam que Startup não pode ajudar o negócio dele, não conhece os problemas dele e só faz aplicativos de comida, transporte, redes sociais etc. O que muitos empresários não conhecem é que existem soluções fantásticas aplicadas nos mais diversos mercados e segmentos e muitas vezes não chegam no conhecimento do público pois são adquiridos no processo ou viram peça chave e estratégica para alguma empresa e as vezes essa empresa se destaca no mercado pela sua capacidade de inovação, sua nova técnica ou seu desempenho melhor e foi uma Startup que ajudou esse processo de evolução da empresa e você que está perdendo para a concorrência e não sabe como ela faz isso? Veja se não é uma Startup que está ajudando e busque você o seu diferencial da concorrência, vá inovar com Startup você também!

Sem contar a capacidade que um grupo de pessoas esforçadas possui para criar uma solução totalmente do zero a partir de um desafio real nascido numa empresa real, ou seja, a Startup nem existe ainda mais com pessoas capazes e um desafio é possível se criar soluções fantásticas do zero.

Se de alguma forma não existirem Startups com soluções aplicáveis ao seu mercado, você pode criar um desafio com base em um problema real da sua empresa, mesmo que seja a criação de um novo produto com diferenciais estratégicos que você entendeu que podem ser úteis no mercado, ou mesmo um problema de processo, melhoria de desempenho etc. Entenda que achar um problema para ser criada uma solução já é parte da transformação pois para se fazer essa análise é necessário olhar o processo criticamente, avaliar seus pontos fracos e ter a humildade para entender que existem pessoas mais capacitadas em determinadas áreas no mercado e que quando somadas à minha experiência e de minha equipe irão potencializar o negócio.

Com base nesse desafio é possível criar programas de Startups para sua empresa, que podem ser programas de Venture Capital,

programas de aceleração interna, programas de captação de talentos, existem vários modelos no mercado mas para entender o melhor busque profissionais com capacidade de realizar estas análise olhando o mercado de inovação e as suas necessidades e possa encontrar o melhor modelo para você, afinal existem custos para este tipo de serviço e o seu recurso é escasso e por isso merece atenção neste ponto, além de ser capaz de realizar estes eventos e programas pois exige conexão com os ecossistemas de inovação, conhecimento, muita divulgação e dedicação, antes de lançar um programa deste consulte o mercado de inovação, senão serão recursos gastos de forma errada.

Mas respondendo a afirmação do capítulo, não, Startup não faz só aplicativos!

COMO A STARTUP PODE AJUDAR MINHA EMPRESA?

Imagine que você tem o desejo de encontrar um novo mercado ou buscar ideias inovadoras de produto ou serviço, ou quem sabe produzir uma linha de produtos próprios e vender diretamente para o mercado.

Imaginou? Pois bem.

O processo normal seria você chamar uma equipe interna para pensar em novos produtos e serviços, analisar as ideias, depois passar por um processo de validação desta ideia, fase de testes, validar com os stakeholders, com os clientes, validar compliance, marketing, financeiro, entre outras tantas validações, criar um protótipo, testar e validar o protótipo, elaborar as peças de marketing e estratégias de vendas, comunicar seus canais de vendas sobre esse novo produto ou serviço e por fim colocar à venda.

Tudo isso é muito importante afinal um produto e serviço novo leva o nome da sua empresa e com isso carrega toda a qualidade do seu processo já testado e validado ao longo dos anos e qualquer erro pode custar muito caro tanto financeiro quanto para a sua imagem.

Agora, e pense em uma startup que teve uma ideia, validou essa ideia com alguns potenciais clientes, criou seu MVP, validou a aceitação do

MVP e está em busca de mentores e de aceleração para alcançar o mercado, só com isso você já ganha o tempo do brainstorm com a equipe e pode torna-se parte dos mentores para validar essa ideia nova sem contar que a startup pode usar o nome e reputação dela como empresa iniciante e assim não prejudicar a sua empresa mãe neste projeto, preservando a imagem da empresa mãe, e ainda, ela pode validar e corrigir a rota muito mais rapidamente afinal a sua estrutura é infinitamente menor e isso dá agilidade ao processo.

Além disso você pode estabelecer parcerias com Startups de algumas formas, por exemplo encontrando uma Startup no mercado que acessa um mercado que você não acessa, ela pode ser uma parceira estratégias para atingir este mercado, ela pode oferecer um meio de pagamento que você não consegue, ela pode oferecer um meio de atendimento ao cliente/fornecedor, pode ajudar na melhoria de desempenho de algum processo interno ou Scounting e pode ser uma ferramenta poderosa na pesquisa e desenvolvimento de novos produtos.

Entendeu o ganho?

MAS E SE O PROJETO DER ERRADO?

Existe uma máxima no mundo das startups que é assim: Erre rápido, erre barato e corrija rápido.

O maior ganho deste projeto é a validação, é melhor pagar essa validação do que errar na produção de um produto que não tem mercado, não é mesmo?

E no final do projeto você ainda terá a equipe com toda a bagarem e experiência adquirida no processo e é por isso que muitas startups são fonte rica de talentos.

Veja a Startup como seu braço de pesquisa e desenvolvimento com um toque de raça e empreendedorismo e sua forma de entender a startup mudará!

As vezes uma Startup provoca a criação de várias outras, veja a "máfia da Paypal".

A MÁFIA DA PAYPAL

Existe uma história no mundo das Startups que aconteceu com a Paypal e ilustra bem como um ecossistema de Startups funciona, depois que você sai de uma corre um grande risco de querer entrar no jogo novamente. Veja a história da "máfia da Paypal".

A "Máfia do PayPal" é como se denomina um grupo de antigos empregados e fundadores da Paypal.

A PayPal era um serviço de transferência de dinheiro que foi comprada pelo EBay em 2002. Os empregados originais da PayPal tiveram dificuldade em ajustar-se com a cultura coorporativa mais tradicional do eBay, continuaram conectados como conhecidos e de negócios, e esses empregados acabaram fundando outras Startups que se tornaram gigantes tais como Tesla, LinkedIn, SpaceX, YouTube, Yelp e claro que atrás destas gigantes Startups temos empreendedores maiores.

1. Peter Thiel

Foi um dos fundadores do PayPal e o primeiro diretor-geral da empresa. Nasceu na Alemanha, mas foi criado entre a África e os Estados Unidos.

Ele fundou em 1998 uma empresa chamada Confinity (que mais tarde se chamaria PayPal) com o objetivo de desenvolver um software para que pessoas e empresas pudessem ter uma espécie de "carteira virtual", que permitisse a elas realizar transações financeiras pela internet.

Era a época do "boom" da internet, e os serviços online estavam começando a ganhar adeptos.

Depois que o eBay comprou o PayPal, Thiel saiu da empresa e passou a se dedicar a outros negócios, que incluem fundos de alto

risco, a empresa de análise de dados Palantir e o fundo de capital de risco Founders Fund.

Esses dois últimos, aliás, foram criados com outros membros da máfia PayPal.

Mas Thiel é mais conhecido por ser o primeiro investidor externo do Facebook (ele investiu US$ 500 mil em 2004 e, atualmente, as vendas de ações já lhe renderam mais de US$ 1 bilhão).

Recentemente, ele chamou a atenção por ter apoiado a campanha presidencial de Donald Trump.

2. Max Levchin

O cofundador do PayPal nasceu na Ucrânia e chegou aos Estados Unidos no início dos anos 1990 como refugiado político.

Depois de deixar a empresa, ele embarcou em outra aventura no empreendedorismo: criou a Slide, um serviço que permitia organizar e compartilhar fotos em redes sociais e que depois desenvolveu alguns plug-ins de sucesso no Facebook, como o "Super Poke", o "My Questions" e o "Top Friends".

Levchin acabou vendendo o negócio para o Google, mas um ano depois a empresa decidiu fechar o serviço, e Levchin se dissociou da gigante tecnológica.

Como é o Aokigahara, macabro 'bosque de suicídios' japonês no centro de uma polêmica no YouTube

Depois disso, ele seguiu os rumos de seu ex-companheiro de PayPal, Thiel, e resolveu investir em uma outra plataforma, que hoje já é bastante conhecida: a Yelp, onde usuários podem recomendar empresas locais.

Onde ele conheceu os fundadores do Yelp? Justamente no PayPal - dois deles haviam trabalhado lá, Jeremy Stoppelman e Russel Simmons.

Levchin também foi membro do conselho administrativo do Yahoo e do Evernote e produtor executivo do filme Obrigado por Fumar (2005).

3. Elon Musk

Hoje conhecido como diretor-geral da Tesla e fundador da SpaceX, no passado Elon Musk foi acionista e diretor-geral do PayPal.

A empresa dele, X.com, se fundiu com o PayPal em 1999, e o empresário sul-africano ficou à frente dele durante um curto período de tempo - acabou destituído em outubro de 2000.

No entanto, ele se manteve como principal acionista da empresa até a venda dela ao eBay - e ganhou cerca de US$ 165 milhões no negócio.

Além da empresa aeroespacial SpaceX, Musk tem outros empreendimentos inovadores, como a Neuralink, de neurotecnologia.

4. Steve Chen, Chad Hurley e Jawed Karim

Chen, Hurley e Karim se conheceram quando trabalhavam no PayPal.

Nenhum deles havia completado 30 anos em 2005, quando se uniram para fundar um conceito que não existia até então: uma plataforma para compartilhar vídeos online - o nome dela seria "YouTube".

Um ano depois, em 2006, o Google comprou a empresa em uma transação que rendeu a eles milhões de dólares - o YouTube foi vendido por US$ 1,65 bilhão.

Desde então, Chen, Hurley e Karim participaram da criação de outras companhias no ramo da tecnologia. Entre elas, o Airbnb, do qual Karim foi um dos primeiros investidores.

5. Reid Hoffman

Hoffman havia feito parte da diretoria do PayPal desde o início e era vice-presidente executivo quando o eBay comprou a empresa em 2002.

No mesmo ano, ao lado de antigos companheiros de PayPal e de sua antiga empresa, a Social Net, ele fundou uma rede social dedicada a contatos profissionais, que vem a ser o LinkedIn.

Este, por sua vez, acabou vendido para a Microsoft por US$ 26,2 bilhões em 2016. e hoje tem mais de 100 milhões de usuários por mês.

Hoffman passou a fazer parte do conselho administrativo da Microsoft em 2017, mas também contribui para o desenvolvimento de outras empresas como investidor - Facebook, Airbnb e Change.org são alguns dos destinos do seu dinheiro.

Está vendo como uma vez picado pelo "bichinho" da Startup você não sai mais e o pior, mesmo que venda sua parte acaba procurando outros problemas para resolver e criando outra Startup.

Mas tudo bem, isso pode não ser parte do seu objetivo de vida e você quer fazer parte dele mas sem se envolver muito você pode investir em Startup, veja o próximo capítulo.

MAS E SE EU SÓ QUISER INVESTIR NESSE MERCADO DE STARTUP?

Os ecossistemas de startup ficaram conhecidos por conta de suas batalhas de pithcs e seus investimentos captados, agora existem algumas fases de captação que vale a pena entender sob o olhar da startup e também sobre o olhar da empresa, afinal, se a empresa deseja investir tempo, recursos humanos e financeiros em um projeto é bom saber qual estágio a startup está e o quanto ela está disposta à investir para desenvolver o projeto e avançar de fase.

Startup só com uma ideia que vai mudar o mundo: Deve buscar Família e amigos e/ou participe de eventos como Startup Weekend para desenvolvê-la.

Já validou o projeto: Já avançamos um pouco, ainda afinal já foi empregada transpiração no projeto, isso mostra que a Startup está disposta à validar mais profundamente e arriscar para tornar esse projeto em uma Startup Real, vendendo, crescendo etc. Nesse caso a orientação é que ela procure um empresário que tenha afinidade ou interesse no segmento de seu negócio e/ou submeta o projeto à uma aceleradora e para você que vai investir, esta é uma fase que vai dispender de tempo para validar todas as questões envolvidas no produto, projeto etc. se o projeto foi uma ideia promissora com uma validação em uma amostra de mercado que seja suficiente para análise pode ser um bom momento para você conseguir projetos bons com um investimento barato afinal, o risco ainda é alto.

Já validou, está vendendo mas precisa de um empurrãozinho: Nesse caso a Startup já está vendendo, reconhecendo cada vez mais seu PMF, avançando pouco a pouco no mercado mas precisa de um empurrão principalmente em marketing, vendas e conexões com o mercado. Esse momento é o melhor momento para se investir, normalmente é quando as Startups saem para captar investimentos, claro que exige uma análise cuidadosa dos números para entender antes de qualquer investimento, mas já mostra uma maturidade, um esforço, uma dedicação da Startup e claro muito suor e horas de trabalho envolvida.

Já recebi ajuda, agora é hora de acelerar ainda mais: Nesse momento chegam as plataformas de Equity crowdfunding investimento anjo mais experientes, aqui o jogo fica mais forte, os valores mais robustos mas claro que o produto/solução já está um pouco mais "tarimbada" no mercado, o risco reduz bastante, existem locais e grupos de investimentos que ajudam na busca e captura destas Startups, procure um grupo de investimento que conheça esse mundo.

Hora de ganhar o mundo (Escalar): Nesse momento a Startup já validou a sua solução em um mercado e precisa validar a sua solução em outros mercados e ganhar o mundo, assim como fizeram Uber, Waze, Whatsapp e tantas outras.

Entendidos estes estágios, cabe a você analisar qual o seu nível de engajamento, disposição para investir tempo, conexão, dinheiro e analisar qual o melhor momento de entrar.

MODALIDADES DE INVESTIMENTO

Quando se vai investir em uma startups alguns nomes são comuns e os valores também, então vale uma explicação básica à esse respeito para lhe ajudar e não deixar você perdido quando estiver pensando em investir ou mesmo se conectando com os grupos de investimentos.

Normalmente você vai ouvir que a Startup está fazendo uma rodada de captação e na sequencia vão explicar o valor com os nomes abaixo.

- Rodada de Pré-seed
  - o Essa é a rodada inicial e normalmente a Startup está buscando recursos para melhorar a validação da sua solução. Os investimentos nesse estágio giram em torno de R$100.000 a R$400.000.
- Seed ou Capital semente
  - Esse é um estágio mais avançado e normalmente estão buscando recursos para investimentos em marketing e vendas a solução já está madura e os recursos captados contribuem para a aceleração do negócio e para o poder de escala, chegando ao grande mercado. Essas rodadas de investimentos costumam movimentar valores que variam entre R$400.000 a R$2.000.000.
- Séries A, B, C etc.
  - o O nome A, B, C é só para ajudar a entender qual a rodada de investimento que a Startup está, neste estágio o *venture capitalist* costuma aportar valores bem maiores que vão de 1milhão a dezenas ou centenas de milhões.
  - o Geralmente, os valores R$2.000.000 a R$20.000.000.

- o Fundos Venture Capital e Private Equity são investidores que, geralmente, participam dessas rodadas e investem em startups nesse estágio.
- IPO ou Oferta Pública Inicial
  - o É quando o capital da empresa é aberto na Bolsa de Valores e qualquer pessoa pode comprar ações.

O QUE É CAP TABLE?

Cap Table é um documento que apresenta os sócios e os investidores da empresa e quanto de participação cada um possui. Esse termo é uma abreviação de captalization table e trata-se de uma simples tabela.

CORPORATE VENTURE

Com a crise as empresas estão entendendo que as Startups podem ser uma fonte rica de inovação rápida e alternativa à entrada de novos mercados, novos produtos ou produtos com maior valor agregado, além de aquisição de talentos engajados, mas isso geram muitas dúvidas, a ACE destaca em seu artigo 4 principais motivos de busca pelas Startups:

- **Digitalização**, co-criação e go-to-market de novos produtos e serviços por meio de startups
- **Aquisição** de talentos e soluções e tecnologias com maior integração e menor risco de insucesso
- **Proximidade** de tendências de mercado, novas tecnologias e modelos de negócio
- **Crescimento** de novas linhas de receita via investimentos e fusões e aquisições (M&A)

MAS O QUE SÃO CORPORATE VENTURIES?

Numa tradução literal o corporate venture é um empreendimento corporativo, pode ser externo ou interno, como assim?

Uma CV interna é uma divisão dentro da própria empresa que vive de forma autônoma como uma unidade de negócio que vão se desenvolvendo seus projetos até ganharem sua própria autonomia de acordo com o amadurecimento do produto/solução desenvolvida, é muito usada por empresas que possuem laboratórios e pesquisas ou mesmo que fazem projetos de inovação e esta CV é responsável por desenvolver aquele projeto específico.

Já nas Corporate Ventures externas o processo é inverso, existem empresas e projetos que nasceram fora da empresa e que por algum motivo ou conexão com ecossistema que acabam ajudando a pequena empresa à crescer e desenvolver, no decorrer do processo podem acontecer duas coisas que são palavrinhas novas para você aprender.

Spin-in ou Spin-Off

Spin-in é quando um projeto de fora acaba fazendo parte da grande empresa, ou seja, ela entra.

Spin-Off é quando um projeto que era interno se torna independente e acaba "saindo" da empresa se tornando uma spin-off.

Atualmente muitas empresas optaram por criar programas de Corporate Venture que tem como foco startups com soluções que possam ser integradas à companhia posteriormente, parcial ou integralmente, outras que usam as suas corporate ventures para fins de investimento em inovação. Ambas alternativas são interessantes, muitas vezes a Startup precisa, além do investimento financeiro, precisa de mentoria, precisa de canais de vendas, precisa de conexões com o mercado, conexões para validação do seu produto, tudo isso gera valor para ela e é super positivo e a grande empresa precisa entender que isso também é um ativo que ela pode deixar disponível para a conexão com as Startups, além de aprender muito com essa troca pois além de ensinar e conectar ela irá aprender muito neste processo.

Outras empresas optam por fazer seus investimentos financeiros diretos ou através de Grupos de Investimentos (Venture Capital), a orientação é sempre que for fazer investimento financeiro fazer com

pessoas capacitadas que entendam e possa minimizar o risco por isso as venture capital são importantes, vamos falar delas neste livro também, mas é bom lembrar que o investimento financeiro é necessário para o crescimento da Startup pois ele será usado em cada fase da Startup de forma diferente.

Agora como posso usar as soluções de Startups como diferencial estratégico?

Grandes corporações começam a entender que as startups são alternativas interessantes em seu processo de transformação assim como a startup pode usar essa conexão com as grandes corporações como forma de ampliação de seu canal de vendas e essa troca é super interessante.

COMO COMEÇAR MINHA CORPORATE VENTURE?

As empresas que querem inovar com startups, mediante o corporate venturing primeiro deve saber em qual estágio ela está como vimos anteriormente, o que você entende como sucesso nesta conexão e claro, como você poderá impactar essa Startup.

Para começarmos qualquer trabalho de Venture Capital é preciso primeiro responder alguns questionamentos:

Qual o objetivo principal de conexão com as Startups?

É bom esclarecer o objetivo principal e alinhar as expectativas pois será decisivo no futuro, com objetivos mal definidos os resultados nunca serão atendidos por nenhuma das partes.

Qual o estágio de relacionamento com as startups que a companhia deve trabalhar?

Claro, para cada estágio da Startup exigirá uma dedicação diferente que será demandada pela Startup, portanto, vale pensar antes de começar: Vou liberar meus colaboradores chave para fazer mentoria? Meu pessoal vai participar do processo de evolução do projeto?

Quando de tempo vou dedicar, pessoalmente e corporativamente, para avaliar o crescimento dessa Startup? Vou direcionar esforços para ajudar a Startup nas vendas? Meu time de marketing irá ajudar no desenvolvimento e divulgação da Startup? Etc. Precisa ser pensado antes até para você entender o quanto de recursos está sendo direcionado para a Startup.

O que eu espero como resultado desse relacionamento?

Será que estou esperando um novo produto para minha produção? Estou esperando aumento de faturamento através de uma linha diferente de produtos? Estou esperando ganho de branding por ser uma empresa "moderna" e "conectada" por estar investindo em Startups (e muitas empresas usam isso como diferencial de marca, pensando que só o fato de estar conectada com Startup faz dela uma empresa moderna, isso é um grande erro!) Então, defina bem o que você espera como resultado desse relacionamento.

Com estas perguntas respondidas podemos alinhar melhor as expectativas em relação ao melhor foco da CVC.

Além de colocar objetivos e saber como mensurá-los, é importante contratar uma pessoa qualificada para ajudar nesse processo, nessa conexão com os ecossistemas, no desenvolvimento do projeto, na avaliação da Startup, é importante ter o stakeholder interno que irá defender o projeto ou contratar um profissional externo que irá lhe ajudar nessa conexão.

Corporate Venture Capital e Venture Capital: qual a diferença?

À primeira vista, é bem comum que as pessoas se confundam nos termos. Afinal, são bem parecidos. Mas é importante salientar que, apesar da semelhança nas nomenclaturas, existem diferenças cruciais entre os dois.

A diferença está, basicamente, no tipo de retorno esperado. Enquanto uma estratégia de Venture Capital visa somente o retorno financeiro, o Corporate Venture Capital tem um componente estratégico muito forte. Muitas vezes, ele acaba valendo mais até, do que o financeiro.

Quando uma grande corporação utiliza uma estratégia de Corporate Venture Capital, ela está pensando em seu futuro. Em formas de antecipar sua cadeia, melhorar sua eficiência operacional e até, ter novas linhas de receita e de produtos.

Um dos principais fatores de insucesso nas estratégias de Corporate Venture Capital é a falta de alinhamento das expectativas. Pode parecer simples, mas ter esse alinhamento, é mais difícil na prática. Além de ser a etapa mais importante do processo.

Porque criar uma Corporate Venture Capital?

Os Corporate Venture Capital agregam valor à empresa-mãe, atuam como um complemento aos esforços internos de P&D, e desenvolvimento corporativo, fornecem também, acesso à tecnologias e modelos de negócios novos e disruptivos entre outros benefícios.

Acaba se tornando uma ótima ferramenta para implantação da transformação digital, melhoria de produto, aquisição de talentos e entrada em novos mercados.

No entanto, muitas companhias começam a olhar o investimento e aquisição de startups sob uma ótica de retorno financeiro e estratégico.

Principais objetivos de estabelecer e operar Corporate Venture Capital:

Trazer inovação para as empresas, através de startups que estão inovando e potencialmente aumentar a competitividade das empresas, ao entrar em novos mercados ou defender os mercados existentes;

Acesso a **novas tecnologias**, modelos de negócios e tendências que afetam os negócios principais e adjacentes da empresa, ou seja, busca de uma estratégia de "construir, se tornar parceiro e comprar";

Buscando **parcerias com startups** em que a empresa possa ser um cliente direto ou vender o produto a seus clientes, gerando receita;

Obter um **grande retorno financeiro dos investimentos do CVC**, o que, por sua vez, poderia aumentar o lucro por ação (EPS) da empresa-mãe.

Ainda existem diversos outros objetivos financeiros e estratégicos:

Estratégico

A princípio, os investimentos são estratégicos. Eles são feitos principalmente para **aumentar as vendas e os lucros** dos próprios negócios da corporação. Uma empresa que faz um investimento estratégico procura identificar e explorar sinergias entre si e a startup investida.

- Alavancar a estratégia de inovação da empresa;
- Ganho de velocidade na experimentação em novos mercados;
- Co-criação de novos produtos/serviços;
- Aproveitamento de canais de distribuição;
- Consolidação no mercado core (compra de novos entrantes);
- Aquisição de talentos e tecnologias;
- Internacionalização mais rápida;
- Adquirir conhecimento mais rápido sobre startups;
- Mudança de mindset da organização;
- Aproveitamento de sinergia de negócios entre o portfólio e o core business.

Financeiro

Por outro lado, o objetivo do investimento é financeiro, onde uma empresa busca, principalmente, retornos atraentes.

Aqui, **uma corporação procura se sair tão bem quanto seus investidores privados de capital de risco.** Considerando seu conhecimento superior de mercado e tecnologias, seu forte balanço patrimonial e sua capacidade de ser um investidor paciente. Além disso, a marca de uma empresa pode sinalizar a qualidade da startup para outros investidores e clientes em potencial, retornando recompensas ao investidor original.

Em suma, investir em startups também permite que a empresa-mãe avalie possíveis aquisições estratégicas em uma data posterior. Fazendo assim, um acompanhamento pré-M&A, de forma menos

dispendiosa, podendo levar à **benefícios inerentes e sinergias inexploradas.**

- Menor custo e maior velocidade na criação de novas linhas de receita e produtos;
- Novas linhas de receita com as vendas das startups investidas;
- Retorno sobre o capital investido (como qualquer investimento);
- "Desconto" em possível M&A futuro

Desde já, o componente estratégico e de sinergias com a corporação é mais forte e recorrente que o modelo Venture Capital "tradicional". Menos de 30% das companhias que já atuam dessa forma disseram ter retorno puramente financeiro - ou seja, ganhar com a valorização e exit da startup.

Unindo o útil ao agradável

Definitivamente, para as empresas, os benefícios incluem a possibilidade de **retornos financeiros acima da média** relacionados a qualquer investimento de capital de risco e benefícios estratégicos, como acesso a novas tecnologias ou insights que, de outra forma, poderiam estar indisponíveis.

Por fim, Corporate Venture Capital possibilita que muitas empresas **saiam da dicotomia que enfrentam**: trabalhar pressionadas por resultados de curto prazo, ou trabalhar por uma visão de futuro que leve a empresa a novos patamares. Já que **Corporate Venture Capital concilia ganhos de curto, médio e longo prazo** – primeiro, via integração e aproveitamento de sinergias, e depois de maneira mais robusta.

ACELERADORAS DE STARTUP

O QUE SÃO ACELERADORAS DE STARTUP?

Uma aceleradora de startups é uma organização criada com o objetivo de **ajudar negócios em fase inicial** a crescerem. Essa

ajuda se dá de diversas formas: mentorias específicas, aporte financeiro, espaço físico, acesso a networking, compartilhamento de carteira de clientes e etc.

Em troca desse apoio, geralmente as aceleradoras obtêm participação nas startups (conhecido como *Equity*). Essa participação é variável ao programa de aceleração e, em alguns casos, de negócio para negócio.

Resumindo: é uma empresa que te ajuda a crescer, vira sócio do seu negócio e em alguns casos faz um investimento financeiro.

ACELERADORAS NO BRASIL

Nome	Site	Estado de Atuação
21212	http://21212.com/	Rio de Janeiro
85 Labs	http://85labs.com/	Ceará
Aceleradora	http://aceleradora.net/	Minas Gerais
Aceleratech	http://aceleratech.com.br/	São Paulo
Acelera Cimatec	http://portais.fieb.org.br/senai/cimatec	Bahia
Acelera MGTI	http://fumsoft.org.br/acelera-mg	Minas Gerais
Acelera Partners	http://acelerapartners.com.br/	São Paulo
Baita Aceleradora	http://baita.ac/	São Paulo
C.E.S.A.R. Labs	http://cesarlabs.com/	Pernambuco
CriaBiz	http://criabiz.com.br/	São Paulo
FabriQ	http://fabriq.com.br/	Manaus
Gema Ventures	http://gemaventures.com/	São Paulo

Mandacaru	http://mandaca.ru/	Rio Grande do Norte
Outsource Brazil	http://outsourcebrazil.com.br/	Rio de Janeiro
Papaya Venture	http://papayaventures.com/	Rio de Janeiro
Pipa	http://pipa.vc/	Rio de Janeiro
Quintessa	http://quintessa.org.br/	São Paulo
Start You Up	http://startyouup.com.br/	Espírito Santo
Syndreams	http://syndreams.com.br/	São Paulo
Tree Labs	http://treelabs.com.br/	São Paulo
Techmall	http://techmallsa.com.br/	Minas Gerais
Ventiur	http://ventiur.net/	Rio Grande do Sul
Viking Aceleradora	http://viking.ac/	São Paulo
Wayra Brasil	http://wayra.org/	São Paulo
Wow	http://wow.ac/	Rio Grande do Sul

QUESTÕES JURÍDICAS NO INVESTIMENTO

Em 2016 foi sancionada a lei complementar 155 que fala sobre os aspectos de tributação do investimento anjo.

Essa lei obriga o investidor a ficar por no mínimo 2 anos e no máximo 7 anos como prazo do capital investido.

§ 1º As finalidades de fomento a inovação e investimentos produtivos deverão constar do contrato de participação, com vigência não superior a sete anos.

§ 2º O aporte de capital poderá ser realizado por pessoa física ou por pessoa jurídica, denominadas investidor-anjo.

§ 3º A atividade constitutiva do objeto social é exercida unicamente por sócios regulares, em seu nome individual e sob sua exclusiv a responsabilidade.

§ 4º O investidor-anjo:

I - não será considerado sócio nem terá qualquer direito a gerência ou voto na administração da empresa;

II - não responderá por qualquer dívida da empresa, inclusive em recuperação judicial, não se aplicando a ele o art. 50 da Lei nº 10.406, de 10 de janeiro de 2002 - Código Civil;

III - será remunerado por seus aportes, nos termos do contrato de participação, pelo prazo máximo de cinco anos.

Uma startup quando enquadrada no Simples pode receber sócio investidor não caracterizado como investimento como receita tributável.

TIPOS DE CONTRATO DE INVESTIMENTO

MÚTUO CONVERSÍVEL

O que é o contrato de Mútuo Conversível?

O contrato de mútuo é uma poderosa ferramenta para os investidores-anjos garantirem seus direitos e evitar problemas futuros. ele é derivado dos *Convertible Notes* norte americanos e dos debêntures conversíveis possíveis apenas em <u>Sociedades Anônimas</u> (e não em Sociedades Limitadas, que é o <u>tipo societário</u> mais comum do mercado).

O Mútuo Conversível é um dos instrumentos jurídicos utilizados para captação de recursos por startups e se trata de um empréstimo (mútuo), cujo valor da dívida pode se converter (conversível) em participação societária futura.

Em resumo, o contrato de Mútuo é um documento que define que o valor investido pelo investidor possa ser convertido em ações na empresa para qual foi feito o aporte. Ou seja, o contrato garante um empréstimo de valores por parte do investidor para Startup em troca da possibilidade de conseguir de volta essa quantia em forma de uma parte de do capital social da empresa.

Quais as vantagens de um contrato de mútuo?

O Mútuo Conversível oferece vantagem para ambos os lados.

Para Startups, a vantagem de poder receber aporte de um investidor sem precisar converter sua empresa de Sociedade Limitada em uma Sociedade Anônima – um processo que gera custos elevados e pode tornar inviável a empresa. Além disso, o valor ingressa na sociedade a título de empréstimo.

O empreendedor poderá tomar decisões de forma mais livre, uma vez que o investidor não começa já inicialmente como um sócio da empresa.

Para Investidores, a vantagem de poder fazer um aporte com a segurança de que seu investimento pode ser retornado a qualquer momento com participação societária no capital social da empresa,

entre outras questões que podem ser amarradas neste tipo de investimento.

É de extrema importância que seja elaborado um memorando de entendimentos para esse processo a fim de detalhar o papel do investidor no período de vigência do mútuo. Uma vez que o investidor não é um sócio da empresa durante o período, devem ser detalhadas no documento quais as condições que se darão caso o investidor possa ter alguma participação na tomada de decisões da empresa.

Como todo documento jurídico, o Mútuo Conversível precisa ser elaborado por um advogado especializado a fim de garantir sua credibilidade e evitar quaisquer problemas futuros por problemas no contrato.

Qual a importância do Mútuo Conversível para Startups

Conforme já citado acima, esta utilização contratual se torna de uma grande vantagem no cenário atual do mercado de Startups.

Ao se utilizar de um contrato de Mútuo Conversível, o novo empreendedor pode garantir um apoio financeiro de um investidor sem precisar alterar seu regime societário para isso e sem a necessidade de acrescentar um terceiro como sócio logo no início de suas atividades.

O contrato de mútuo viabiliza aportes seguros por parte dos investidores-anjos em sociedades limitadas que podem se tornar um grande retorno financeiro para os mesmos.

No momento de crise econômica que país está vivenciando, a facilidade oferecida pelo mútuo garante que novos investimentos sejam feitos no mercado de Startups. Isso melhora o ecossistema empresarial e aumenta as chances de novas ideias e empresas inovadoras surgirem no mercado.

SPE (Sociedade de Proposito Específico)

Sociedade de Propósito Específico (SPE) é um modelo de organização empresarial pelo qual se constitui uma nova empresa, limitada ou sociedade anônima, com um objetivo específico, ou seja,

cuja atividade é bastante restrita, podendo em alguns casos ter prazo de existência determinado.

A SPE é também uma forma de **empreendimento coletivo**, usualmente utilizada para compartilhar o risco financeiro da atividade desenvolvida.

Por se tratar de uma modalidade de *joint venture* (*equity* ou *corporate joint venture*), as SPE são utilizadas para grandes projetos de engenharia, com ou sem a participação do Estado, como, na construção de usinas hidroelétricas, redes de transmissão ou nos projetos de Parceria Público-Privada (PPP) ainda recentes no Brasil. Não obstante, a modalidade de SPE pode ser aplicada nos empreendimentos coletivos de pequenos negócios.

SCP (Sociedade em cota de participação)

Quando duas ou mais pessoas, sendo ao menos uma comerciante, se reúnem, sem firma social, para lucro comum, em uma ou mais operações de comércio determinadas, trabalhando um, alguns ou todos, em seu nome individual para o fim social, a associação toma o nome de sociedade em conta de participação, acidental, momentânea ou anônima; esta sociedade não está sujeita às formalidades prescritas para a formação das outras sociedades, e pode provar-se por todo o gênero de provas admitidas nos contratos comerciais.

São reguladas pelos artigos 991 a 996 do Novo Código Civil (Lei 10.406/2002).

Na Sociedade em Conta de Participação, o sócio ostensivo é o único que se obriga para com terceiro; os outros sócios ficam unicamente obrigados para com o mesmo sócio por todos os resultados das transações e obrigações sociais empreendidas nos termos precisos do contrato.

A constituição da Sociedade em Conta de Participações (SCP) não está sujeita às formalidades legais prescritas para as demais sociedades, não sendo necessário o registro de seu contrato social na Junta Comercial.

Normalmente são constituídas por um prazo limitado, no objetivo de explorar um determinado projeto. Após, cumprido o objetivo, a sociedade se desfaz

PRINCIPAIS DOCUMENTOS

Existe uma lista completa de documentos à assinar e é sempre importante o acompanhamento de um advogado especializado, porém os mais básicos e principais são esses:

- o NDA
  - É um tipo de contrato de confidencialidade que você assina logo no começo para dar início à parceria, como forma de proteção para a Startup.
- o Term Sheet, Carta de Intenção
  - Nunca menor que 60 dias nem maior de 180 dias
  - Nesse momento são negociados os princípios de governança como criação de conselhos, funções da diretoria executiva, proteção dos minoritários, voto qualificado e todas as condições que pautarão o relacionamento entre investidor e a equipe empreendedora.

Existem alguns nomes também que são comuns nesse meio e vale a pena você entender o funcionamento de cada um, vou citar alguns destes abaixo, reforço que é necessário um grupo advocatício que tenha experiência no assunto para lhe assessorar.

Drag Along

A cláusula de drag along visa proteção dos acionistas majoritários permitindo que ele negocie a venda da empresa sem precisar da aprovação dos demais acionistas, dando à ele a liberdade de negociar as ações e obrigando os acionistas minoritários aceitarem a proposta.

Tag Along

É uma cláusula que tem o objetivo de proteger os acionistas minoritários de uma companhia garantindo à eles o direito deixar a

sociedade caso a companhia receba algum investidor que não constava na composição original tomando o controle das operações.

Pense o seguinte, você tinha 1% de uma companhia que valia um milhão mas, ela foi adquirida no mercado por um investidor que arrematou 45% das ações mas chegou ao controle das operações e você não concorda com a operação, com as pessoas que estão no comando e quer sair, como você faria? Compraria a parte deles? Pagaria a sua saída? Ou ficaria na sociedade de qualquer forma mesmo prejudicando seus demais negócios e investimentos?

Pois é essa clausula ajuda nisso.

Existem outros termos mas como não é o objetivo deste livro deixei aqui uma pitada jurídica para você saber que existem nuances que merecem atenção mas é só a ponta do tema.

Como Calcular a participação

Essa pergunta é frequente e sempre esperam uma resposta exata e simples, mas não é bem assim, o valor da startup está baseado em uma percepção de mercado, ou seja, não há uma única resposta, dependerá de quem está analisando o setor, maturidade da empresa, entre outros. Esse processo de avaliação do valor de uma empresa se chama Valuantion, tem uma técnica super complexa que envolve o cálculo mas para que você entenda, é importante para as partes envolvidas no projeto que conheçam todos os fatores que influenciam o negócio para que essa analise seja o mais real possível.

Como calcular o percentual?

Existem algumas formas de encontrar o valuation como: fluxo de caixa descontado, Ebitda e outros mas existe uma forma mais simples: se a valoração de valoração do capital investido somar 100mil em doze meses, multiplicamos por 10x e chegaremos à uma valoração de 1milhão por 10%

CONCLUSÃO

Estou certo que este guia irá lhe ajudar na conexão com uma Startup ou com um ecossistema de Startups, mas também ajuda a promover a inovação, fomentar a tecnologia, novos mercados e negócios.

Mas eu ficarei muito feliz se de alguma forma esse conteúdo lhe ajudou na criação de um novo produto, no acesso á um novo mercado, na geração de um novo emprego porque assim eu sei que fiz a minha parte.

O que você viu aqui não é 1% do que você vai sentir quando estiver frente à frente com uma Startup apresentando um Pitch ou quando vir uma solução que deixa seu processo tão mais simples que faz você se sentir um dinossauro e isso é muito bom, sinal que você está evoluindo para ver essa evolução acontecer.

Mas se de alguma forma ficou alguma lacuna ou dúvida e queira me conectar seguem meus contatos abaixo e eu acredito que a nossa conexão já será um grande ganho para mim também.

Espero que tenha gostado da leitura!

Abraços

Luiz Schimitd
Perfil do LinkedIn: /luizlopesschimitd
Perfil do Instagram: @luizschimitd

www.ingramcontent.com/pod-product-compliance
Lightning Source LLC
Chambersburg PA
CBHW071111220526
45467CB00004B/1809